Ruth Heil

Du bist etwas Besonderes

johannis

Bibliografische Information Der Deutschen Bibliothek
Die Deutsche Bibliothek verzeichnet diese Publikation in der Deutschen Nationalbibliografie; detaillierte bibliografische Daten sind im Internet über http://dnb.ddb.de abrufbar.

Johannis-Bild-Text-Band 05632
8. Auflage 2004 · 33.–35. Tausend

Gesamtherstellung:
St.-Johannis-Druckerei, Lahr/Schwarzwald
Printed in Germany 15627/2004

Vorwort

DU BIST ETWAS BESONDERES!

Das wollte ich Dir
immer schon einmal sagen.
Doch ich fand die Worte nicht.
In diesen Gedanken hier
kommen sie zum Ausdruck.
Laß die Aussagen auf Dich wirken,
und sei herzlich gegrüßt!

Ich finde Dich jedenfalls einmalig!

Du bist einmalig!

Was löst dieser Satz in Dir aus?
Fühlst Du Abwehr?
Möchtest Du zu mir sagen:
»Du liegst falsch!
Du kennst mich nicht richtig,
sonst würdest Du das nicht behaupten.
Ich bin nicht einmalig,
sondern schlecht.
Ich weiß besser als Du,
wie ich sein kann.
Ich kenne meine bösen Gedanken,
die Abgründe meiner Seele,
meine Reaktionen . . .«

Und ich antworte Dir:
»Dennoch behaupte ich,
Du bist einmalig!
Bitte geh' mit mir auf Entdeckungsreise.«

Schau in den Spiegel!

Was siehst Du?
Deine unmögliche Figur?
Deine Falten?
Deine Nase paßt Dir nicht?

Ich muß Dir leider sagen:
»Du hast den falschen Blick!

Laß Dir den liebevollen Blick
für Dich selbst schenken.
Schau Dich mit den Augen Gottes an.
Er hat Dich wunderbar bereitet.
Er gab sich Mühe mit Dir.
Du solltest kein Durchschnittsmensch sein.
Er wollte, daß Du Du bist.

ENTDECKE, WAS SCHÖN AN DIR IST.
STAUNE, WIE BESONDERS DU BIST!

Du bist ein Abbild Gottes

Als Gott Dich schuf,
legte er liebevoll
ein Stück von sich selbst
in Dich hinein.
Er wollte, daß Du einmalig bist.

Kennst Du das Bild,
das er in Dich geprägt hat?

Weißt Du um die Gaben,
die er Dir anvertraut hat?
Vielleicht verachtest Du sie.
Du hättest gerne andere.
Hadernd hast Du Deine Gaben vergraben.

Hol' sie aus dem Versteck!
Lebe die Gaben, die Du hast.

WER DAS, WAS IHM ANVERTRAUT WURDE,
MIT DANK ANNIMMT,
WIRD IMMER MEHR EMPFANGEN
UND DABEI GLÜCKLICH SEIN.

Du bist geplant

Als Dein Vater und Deine Mutter
sich begegneten,
wußten sie nichts von Dir.
Du entstandest in einem Moment,
als Deine Eltern
nicht einmal an Dich dachten:
Da begann das Wunder Deines Werdens.
Eine winzige Eizelle Deiner Mutter
war zur Reife gekommen.
Mehr als dreihundert Millionen Samenzellen
Deines Vaters waren unterwegs,
damit Du sein würdest.

Niemand anderes als Gott
kann Leben schaffen.
Er sprach:
Es werde!
Und dann wurdest Du.

DU BIST GEPLANT.

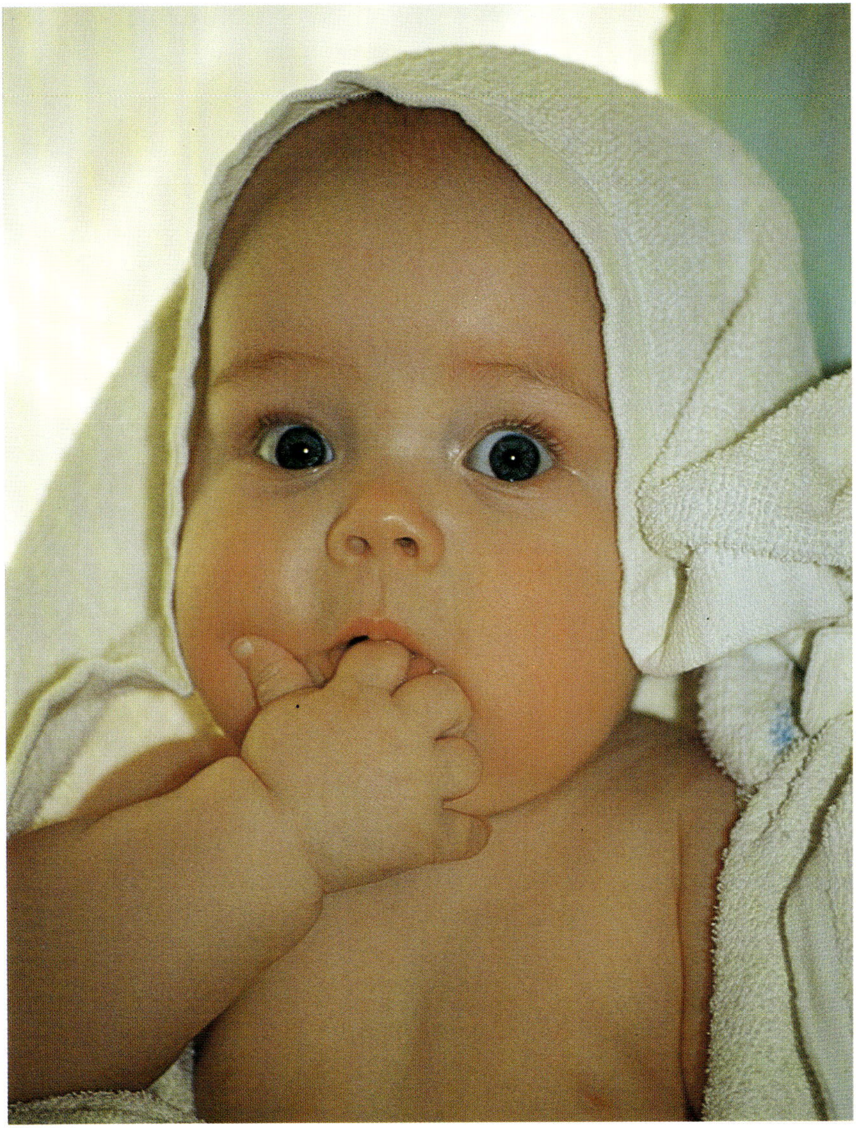

Du bist eine Frau

Dein Vater bestimmte,
daß Du eine Frau sein solltest.
Nur er trug das X-Chromosom,
das mit dem X-Chromosom Deiner Mutter
ein Mädchen aus Dir machte.
Natürlich konnte er es nicht bestimmen.
Ein anderer hatte seine Hand im Spiel:
Gott selbst!
Er wollte, daß Du eine Frau bist.

Nimm Deine Bestimmung an!
Nur als Frau wirst Du sie leben können.
Nimm die Gaben des Frauseins an:
Die Fähigkeit zur Mütterlichkeit,
das Geschenk, weinen zu können,
den Segen, anderen im Leid beizustehen,
und das Charisma zu trösten.

NIMM DIESE GABEN AN, nicht als zusätzliche Last
des Frauseins,
sondern als Gabe,
ALS GOTTES AUF-GABE AN DICH.

Du bist ein Mann

*Durch das Y-Chromosom
Deines Vaters wurdest Du ein Junge.
Aber durch Deine Mutter
kamst Du zur Welt.
Gott führte Dich
in die Abhängigkeit der Frau,
damit Du sie später besser verstehen könntest.
Nicht, damit Du über sie bestimmst.*

*Du hast die Fähigkeit,
Lasten zu tragen,
den Vorteil,
Situationen zu überblicken.
Deine Stärke liegt im Planen.*

*NIMM DEINE GABEN ALS GESCHENK GOTTES,
nicht, um über andere zu herrschen,
sondern UM ihnen damit ZU DIENEN.*

Du bist ein Wunschkind

Wußtest Du das schon?
Aber . . .
Deine Eltern wollten Dich gar nicht?
Du bist zufällig entstanden?
Eigentlich hätten sie sich
genau das andere Geschlecht gewünscht?
Du warst vielleicht sogar ein › Unfall‹ ?

Laß Dich davon nicht irritieren!
Du bist gewollt,
von Ewigkeit her angenommen.
Alle Tage Deines Lebens waren
schon in ein Buch geschrieben,
als es Dich noch nicht einmal gab.

Gottes Wunsch war, daß Du leben sollst.
Laß das in Dein Herz fallen:

ES IST WICHTIG, DAß DU DA BIST,
AUCH WENN DU DICH UNWICHTIG FÜHLST.

Du bist etwas Besonderes

Es gibt niemanden, der ist,
wie Du bist.
An Deinem Gang sehe ich,
daß Du es bist, der kommt.
Und am Telefon weiß ich,
daß Du sprichst.
Sogar Dein Lachen verrät Dich.
Selbst die Art, wie Du in den Mantel schlüpfst,
ist besonders.
Ich erkenne an der Anschrift auf meinem Brief,
daß er Deinen Schriftzug trägt.
Was Du getragen hast,
trägt Deinen Geruch
und schafft Vertrautheit.

WER WAGTE ZU BEZWEIFELN,
DASS DU WIRKLICH EINMALIG BIST ?!

Deine Augen sind wunderbar

Sie sind die Fenster zur Welt,
um die Schöpfung Gottes
in ihrer Vielfalt zu bewundern.

Du hast sie bekommen
zum Staunen,
zum Freuen an diesem Leben.

Deine Augen sind aber auch
die Fenster in Deine Seele.
Du kannst entscheiden,
welche Bilder Du hineinläßt.

Deine Augen nehmen auf,
was Deine Seele verarbeiten muß.
Und womit Du Dich beschäftigst,
das wird Dich beschäftigen.

Blicke können töten,
Blicke haben aber auch die Fähigkeit,
lebendig zu machen.

LERNE DEN LIEBEVOLLEN BLICK,
UM MENSCHEN FÜR AUGEN-BLICKE
FROH ZU MACHEN.

Betrachte deine Hände

Sie sind Wunderwerke des Schöpfers.
Du kannst damit greifen
und dabei begreifen,
etwas anfassen und dabei erfassen.

Deine Hände können werfen
und auffangen,
lieb drücken
und wegstoßen.

Du hast die Fähigkeit, damit zu formen
und zu verändern,
Deine Gedanken zu Papier zu bringen
und Deine Gefühle in Bilder zu kleiden.

Deine Hände bereiten ein Essen zu,
kehren Schmutz zusammen,
spielen zartfühlend ein Instrument
und schlagen mit Macht
den Hammer auf einen Pflock.

ALLEIN DEINE HÄNDE SIND KUNSTWERKE
AUS GOTTES WERKSTATT, EINMALIG!

Die Fähigkeit zu gehen

*Wer einmal ein gebrochenes Bein hatte,
entdeckt das Wunder des Gehens
danach neu.*

*Hüpfen kannst Du mit Deinen Füßen,
wenn Du Dich freust.
Weglaufen in Gefahr
und hinrennen, wo Not.*

*Deine Füße ermöglichen Dir,
Nähe zu pflegen
und Abstand zu halten,
Entfernungen zu überwinden
oder Dich abzuwenden.*

*Deine Füße tragen Dich,
wohin Dein Kopf will.
Sie diskutieren nicht.
Sie bedienen das Gaspedal des Autos
und steigen in die Straßenbahn,
wandern den steilen Berg hinauf.
Einer Orgel entlocken sie die tragenden Töne.*

*Sie schreiten zum Traualtar
und gehen mit auf dem Weg der Trauer.*

*Sie führen Dich auf dem Weg, Gutes zu tun,
und laufen auf dem Weg zum Bösen,
wenn Du es willst.*

*FÜSSE GAB DIR DER SCHÖPFER,
SIE ZU BENUTZEN
AUF DEM WEG ZU IHM.*

Wußtest du schon?

Alle Deine Haare sind gezählt.
Es fällt Dir kein Haar aus,
ohne daß Dein Schöpfer es wüßte.
Er kennt auch die Probleme,
die Du möglicherweise
mit Deinen Haaren hast.

Wußtest Du,
daß man Dich an einem einzigen Haar
identifizieren kann?
Jeder Mensch hat
eine ganz bestimmte Haarstruktur.
Auch Du!

Dein Gesicht verändert sich
im Laufe des Lebens,
vielleicht auch deine Figur.
Dein Fingerabdruck bleibt.
Geprägt von Mutterleib an
stehen die Muster an Deinen Fingerkuppen
als Zeichen Deiner Herkunft:

EIN UNIKAT AUS DER SCHÖPFERWERKSTATT GOTTES.

Du bist still

›Wenn ich nur auch mitreden könnte!‹
seufzst Du,
wenn andere sich unterhalten.
Aber es fällt Dir nichts ein.
Und wenn Du etwas zu sagen wüßtest,
fehlen Dir die Worte.
Du fühlst Dich ausgeklammert
und manchmal als Randfigur.

Deine scheinbaren Grenzen
sind die großen Gaben,
die Dir anvertraut sind.
Es gibt viele, die reden können,
und wenige, die schweigen.
Laß Dich nicht leiten
vom Selbstmitleid des Nichtredenkönnens.
Fange an, aktiv zu werden
in Deinem Schweigen!
Werde zum mitfühlenden Zuhörer!

GEBRAUCHE DEIN SCHWEIGEN ALS GABE !
ES IST WICHTIGER ALS DAS REDEN.

Die Gabe deiner Stimme

Deine Stimme ist einzigartig.
Mit Deiner Stimme kannst
Du trösten,
Menschen aufbauen und ermuntern.

Du kannst damit aber auch
aburteilen, vernichten,
zerstören, Krieg beginnen.

Du kannst Gott damit loben
und den Menschen damit verachten.

Wer Böses verbreitet,
wird selbst unglücklich.

Wer das Gute weitergibt,
fühlt sich als Beschenkter.

GEBRAUCHE DIE EINMALIGKEIT DEINER
STIMME, UM GOTTES LIEBE WEITERZUSAGEN.

Tränen sind Gottes Geschenk an dich

Tränen sind
das Verarbeitungsmaterial Deiner Seele.

Du darfst den Schmerz hinaus-weinen.
Laß ihn fließen.
Such Dir einen Ort,
an dem Du Dich ausweinen kannst,
ohne noch Vorwürfe zu bekommen.

Am Vaterherzen Gottes ist Platz.
Er sammelt alle Deine Tränen.
Und er untersucht sie nicht nach ihrer Berechtigung.
Er fängt sie auf.
Und er trocknet sie ab,

WEIL DU EINMALIG WICHTIG FÜR IHN BIST.

Schau auf das, was du bist

Schau nicht auf das,
was Du nicht bist!
›Schielen‹ macht undankbar.
Vergleichen macht neidisch.
Wer mit ›wenn‹ und ›wäre‹ hantiert,
bleibt unglücklich.

Schau auf das,
was Du bist.
Entdecke Deine Gaben.
Stärke Deine Stärken.
Höre auf, über Deine Schwächen zu jammern!

NENNE HIER WENIGSTENS DREI GABEN,
FÜR DIE DU DANKEN KANNST . . .

Finde deine Identität

Nimm Dich an mit Deinen Gaben
und mit Deinen Grenzen.
Du mußt nicht sein, wie andere sind.
Sei, wer Du bist!

Wer schnell ist,
ist oft nicht so genau.
Wer alles zu leicht nimmt,
kann oberflächlich werden.
Der zu Ernste legt alles auf die Goldwaage,
und der Nachdenkliche grübelt zu sehr.
Der Frohe hat meist auch die Last,
Schmerz intensiv zu erleben.

Finde Deine Identität!
Jede Gabe trägt auch eine Schwäche in sich.
Du kannst nicht beides haben.
Arbeite an Deinen Schwächen,
aber überfordere Dich nicht.
Nimm Dir kleine Schritte als Lernprozesse vor.

FREU DICH AN DEN ERFOLGEN !

Laß nicht zu, daß Bitterkeit dich bestimmt

Bitterkeit ist die Dunkelbrille der Seele.
Sie nimmt den Glanz,
verdunkelt das Licht.
Farben verlieren ihre Leuchtkraft.

Bitterkeit gibt Dir den falschen Blick
für den anderen
und eine Negativsicht für Dich selbst.
Bitterkeit blockiert die Freude dafür,
daß Du einmalig bist
und wunderbar gemacht.

Bring Deine Bitterkeit zu Jesus Christus!
Bei ihm darfst Du Dein Leid ausschütten
und Deine Verletzungen.
Er trägt es
und verarbeitet es für Dich.

DU DARFST FREI SEIN!

Laß dir vergeben

Du fühlst Dich be-lastet.
Deine Fehler be-drücken Dich.
Du kannst vor Dir selber nicht be-stehen.
Du kennst den Abgrund Deiner Gedanken.

Du hast Angst davor,
Dich einem anderen anzuvertrauen.

Aber Gott kennt Dich.
Ihm ist nichts verborgen.
Er wartet auf Dich, nicht,
um Dir etwas heim-zu-zahlen,
sondern um Dich heim-zu-suchen.
Er sucht Dich,
um Dir zu ver-geben.

DU BIST KEINE NUMMER FÜR IHN,
SONDERN EINMALIG UND WICHTIG.

Du bist für einen hohen Preis erkauft

Du bist sehr wertvoll!
Um Dich zu kaufen,
wurde ein hoher Preis bezahlt.
Jemand ließ sich für Dich töten.
Damit Du frei sein könntest,
gab der Sohn Gottes sein Leben
für Dein Leben.
Niemand hat größere Liebe,
als der sein Leben hingibt
für seinen Freund.
Du darfst ein Freund Jesu sein.
Als er starb, hatte er Dich im Auge.
Seine Liebe galt und gilt Dir immer noch.

Niemand könnte mehr für Dich tun, als ER tat.

WEIL DU SO WERTVOLL FÜR IHN BIST.

Werde ein Segen

Segen ist Geschenk Gottes.
Du brauchst ihn nicht zu produzieren.
Alles, was Du tun mußt:
Öffne Deine Hände und Dein Herz.
Laß Dich damit beschenken!

Gott will Dir den richtigen Blick geben,
damit Du die Not des anderen erkennst
und hinter den Kulissen
seine Sehnsucht entdeckst nach Geborgenheit.
Bleib nicht hängen an der Art,
wie er Dich behandelt.
Werde unabhängig von seinen Launen.

Gott will Dir auch den richtigen Blick
für Dich selbst geben.
Dann entdeckst Du in vielen kleinen Dingen:
Ich bin geliebt.
Da hat einer seine Hände über mir.
Er blickt weiter als ich.
Bei ihm bin ich sicher.
Dann darfst Du Dich schmücken im Wissen:

ER HAT MICH WUNDERBAR GEMACHT.
ICH BIN UNENDLICH WERTVOLL.

Bildnachweis:
Umschlagbild: Chr. Baumgartner
Innenbilder: S. 5: L. Bertrand; S. 7: J. Breuer; S. 9: K. Radtke; S. 11: T. Harbig; S. 13: W. Matheisl; S. 15: R. Haak; S. 19: P. Kleff; S. 23: G. Hettler; S. 25: W. Konrad; S. 27: W. Leis; S. 29: © UM; S. 31: Kammermeier/IFA-Bilderteam; S. 33: G. Hettler; S. 35: S. Sammer; S. 37: W. Matheisl; S. 39: G. Eppinger; S. 41: IFA-Bilderteam; S. 43: V. Janicke; S. 45: H. Fenchel; S. 47: P. Santor